シリーズ

あたりまえのぜひたく。

―きくち家 渾身の料理は……。―

きくち正太

幻冬舎コミックス

シリーズ

あたりまえのぜひたく。

―きくち家 渾身の料理は……。―

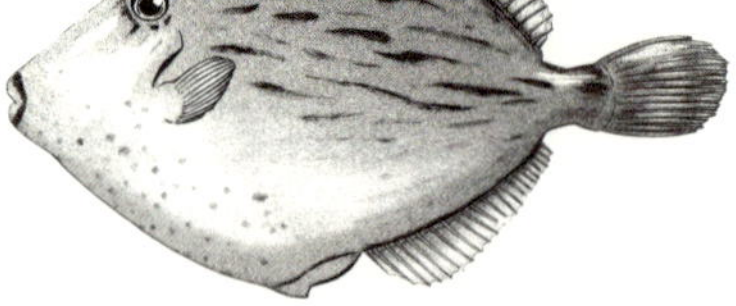

目次

第三十五話　タケノコを干し大根の出汁で炊く　ぜひたく。　087
第三十六話　ある意味究極？　これぞ天ぷらうどん。　103
第三十七話　ちっともあたりまえじゃない　渾身のぜひたく　高松のいぬ間に……。　119
第三十八話　夏のパワー、ニンニク、豚舌　そして豚足!!　135
第三十九話　夏、きくち家　氷のぜひたく。　151
特別編　中華な日常。　167

◎カバーイラスト・デザイン
きくち正太
◎装丁
西野直樹デザインスタジオ
◎担当編集
高松千比己（幻冬舎コミックス）

第三十話

霜月・きくち家の麻婆は決め手が白湯《さゆ》。

十一月ですよ、霜月《しもつき》ですよ
秋も盛《さか》りですよ、紅葉《こうよう》ですよ
そしたらきくち家《け》では何を連想しますか?
紅葉《もみじ》おろし?熱々のお鍋かしら
紅《あか》といったら豆《とう》板《ばん》醤《じゃん》ですよね!!
麻《マー》婆《ボー》豆《どう》腐《ふ》ですよね!!!
そうかーきくちさん家《ち》も麻婆豆腐か
じゃあしょうがない、今回は麻婆豆腐で

評判がいまいちなんすよ――
ボクの作る麻婆豆腐……
カミさんやら子供たちから
はぁぁぁ
自分の都合かい
きくちさん家も
麻婆豆腐ですよね!!!
もぉ
まぁ
それでは
材料に調味料ざっと4、5人分
木綿《もめん》豆腐2丁、豚のコマ切れ肉
長ネギ2本、生姜《しょうが》
豆板醤、紹興酒《しょうこうしゅ》
濃口醤油《こいくちしょうゆ》、塩、サラダ油に胡麻《ごま》油、片栗粉
サラダ油
口しょうゆ
紹興
片栗粉
川豆板醤
もめんとうふ
もめんとうふ

子供たちはいくつになったかね、高松《たかまつ》君
上は高校1年生、下は小6です
辛《から》いものは？
ぜんっぜんいけます
ならば、ここからがちょいと本格中華
本日は風味、香りのアップにこれ!! ジャパニーズペッパー〈山椒《さんしょう》〉&チャイニーズペッパー〈花山椒《はなざんしょう》〉のホール!!
Japanes
Peppe
山椒
Chinese
Pepper
花山椒
まずはスパイス作りから
鍋を火にかけ、山椒 小さじ1、花山椒 小さじ2を乾煎《からい》りする
香りを立たせるんですね
それもあるけど
弱火で4、5分
香りがしてきたら乳鉢《にゅうばち》にあけて
擂《す》り粉木《こぎ》で擂《す》り潰《つぶ》す
煎って乾燥させると香りも立つけどこの作業がとてもやりやすくなる

なんだか
すっごーーい
めっちゃエスニック
くんくん
スパイス完了!!
ホールの山椒、花山椒が
なければ、別に普通に
挽《ひ》いて売ってるので
全然かまわん
あと、沖縄《おきなわ》コショウの
フィファチとかあると
これがまた抜群に
麻婆にぴったり!!
フィファチ
お次は
豚肉の下拵《したごしら》え
豚コマ
150gを
粗《あら》みじん切り
そしたら下味《したあじ》、
紹興酒に
濃口醬油
小さじひとつを
よーく揉《も》む
長ネギは
縦に包丁で
少しずつ切れ目を
入れて
それを小口に
みじん切り
たんたんたん

たんたんたんたん
生姜は親指の先くらいの大きさをみじん切り
スパイスに豚肉、長ネギに生姜のみじん切り終了
そしたら、お次は主役の豆腐
豆腐の大きさと切り方は、もう人の好き好き
どうしたって煮崩れはつきもんと割り切る
おかあさん、鍋にお湯を火にかけてー
切った豆腐は鍋で温《あたた》める
煮るんじゃなくて温める、決して決して沸《わ》かさない!!
ことこと
ことこと
それは、なんのためです?
豆腐に張りとつやが出て、ふっくらとにかくそれで麻婆豆腐の味が格段にあがる
さて
では中華鍋を火にかけて
待ってくださいよ、肝心なものが抜けてますよ、きくちさん!!

肝心なもの？
スープっスよ、豆腐を煮る!!麻婆豆腐には欠かせないじゃないスか、中華スープとかコンソメストックとか!!
水溶き片栗粉は？おかあさん
はい、できてますよ
無視かい
準備はちゃんとしましょうよ!!
まさかなんとかの素とかインスタントじゃないっスよね――!!
油をひいて――
無視しないで無視は～～～!!
いいのいいの高松さん、うちの麻婆豆腐にスープはい―――の
スープは無し!?お湯だけ!!?
きくち家の麻婆豆腐のコツは
お湯だけ♡

では
参る
どしゃあああん
鍋に油、火は――
強火!!
鍋が温《あった》まったら
豚肉!!
炒めるではなく
焼くというイメージで
豚肉にしっかり火が通ったら生姜
そして豆板醤!!
ポイントその1!! 豆板醤はとにかくしっかり焼く!!
その香ばしさで麻婆豆腐の風味がうんと増す!!
紹興酒!!
さらに風味付け!!

お酒のアルコールが飛んだところで、きくち家麻婆のポイントその2――!!
白湯《さゆ》!!
味付け!!
塩、濃口醤油!! 以上!!!
麻婆豆腐 味付けのコツは濃いめ、辛め味はきっちり入れる!!
味が決まったところへ温めた豆腐をザルにとって
鍋で煮込むこと5分!!
やっぱり火は強火
5分 経《た》ちました、水溶き片栗粉をおたまで細ーく鍋を揺《ゆ》すりながら
片栗粉の芯までしっかり火を通す、そうするととろみもゆるみにくい
ポイントその3

鍋をかき混ぜる時はおたまの背で向こうへ押し出すように——
そうすると豆腐が崩れにくい
仕上げ
長ネギのみじん切りをたーっぷり
決め手はスパイス!!
山椒、それに花山椒《ホワジャオ》!!
最後の最後で胡麻油をひと回し

YEBIS
おお…
見るからに豆腐のふっくらつやつや加減、餡《あん》のとろみ具合
ゴクン…
食欲をそそってやまないエキゾチックスパイシーな香り
めちゃくちゃ
美味《うま》そうじゃないかーー!!!

ぬうう
だめだめだめだ、騙《だま》されるな!!
スープも出汁《だし》も何もとってない、手抜きの麻婆豆腐が美味いわけがあって堪《たま》るか――!!
きっと味なんて薄っぺらでぺしゃんこで
ピリ辛だけが際立《きわだ》ったインチキ麻婆豆腐に決まってる、そんなもの誰が
ぐぬぬ…
しょうがねえなあ
食ってやるか
全部聞こえてるんだけど
レンゲの上で豆腐が、もうぷるぷると
いやいや
騙されるな、相手はインチキ描《か》いてなんぼのマンガ家
早く食えや

どれ
はふはふ
ぱく
あれ!?
あれ?
あれ
あれ
なんだ?
なんだ?
あれ!
あれ?
あれえええ
これ本当に
スープも出汁も
何も使って
ないんスよね
白湯《さゆ》ですよね

きくちさん
めちゃめちゃ美味いっス!!!
スープも出汁も何もとってない白湯《さゆ》なのに旨味《うまみ》がしっかりあって――!!
おかげで味がめちゃくちゃ澄《す》んでて 豆板醤、山椒、花山椒の辛み香り、何より豆腐の風味がすっきりくっきり!!!
それがまたビールに
ぐび…
至福

●『霜月、きくち家の麻婆は決め手が白湯。』終●

きくち家渾身の料理はオサシミ。其の一

第三十一話

どうスか
たまには――
台湾料理
台北
わいわい
♪
武蔵小金井駅
わいわい
読者に編集のリクエスト、もちろんボクの注文とか
そういうの一切《いっさい》気にしないできくちさんの好きな料理を思いっきりって、いうのは
好きな料理ってなんだ？魚か？
そういえば、まだやってないものね、お魚1本買ってきてあれこれっていうの
あれこれ!?
お刺身、昆布締《こぶじ》め、アラのちょい干し、お吸い物、かぶと煮、卵持ってたら酒蒸《さかむ》し、白子だったらポン酢
その時の魚によっていろいろ

読者にはハードルが高いんでボツです
好きな料理を思いっきりってのはウソか――
高松《たかまつ》さんも仕入れからご一緒してみて案外《あんがい》それがおとうさんの真骨頂《しんこっちょう》だったりするかも
ちゅんちゅん
ちちち…
そっちとこっちのカワハギはどう違うんスか？
上の方がキモが張ってるキロ4000円するけど
大東京卸売センター
んじゃ、キモの張ってるの1本、なるたけ大きいの
他には？
そっちの箱、天鯛《てんたい》〈天然真鯛《てんねんまだい》〉
キロ1500円

やっぱ魚は市場っスか!?
うん、新鮮っていうのもあるけど、やっぱり値段かな
これがデパ地下だと倍はするから
あとは野菜
大葉、大根、レモン
ただいまー
おかえりなさーーい
きゃあああ
おっきなカワハギー
きれいな鯛ー♡
てことは何? 何? 肝《きも》和《あ》えが食べられる?
お望みでしたら
マジすか!?
カワハギの肝和え!? 家庭で!!?

では、始めようか
ずらっ
うっわっ！すっげえ数の包丁ーー!!
これなんか何に使う包丁ですか!?
鹿とか獣《けもの》を捌《さば》く〝鹿《しか》捌《さば》き包丁〟種《たね》ケ《が》島《しま》で買った
料亭が舞台だったり、食文化がテーマのマンガ描いていると、どうしても作画資料に必要なんだよ
どのマンガの資料用スか？
お金の使いどころ感覚がおかしいのよ、この人
包丁だったらウン万て衝動《しょうどう》買《が》いするくせに
Tシャツが2000円超えるとびびって買えなかったりするのよーー
¥980
¥2900
さておき
包丁は数が多けりゃ偉《えら》いわけでもなんでもありません
出刃包丁
刃渡り15センチ
柳刃包丁
19センチ
三徳包丁
17センチ
普段、魚1本捌くとかやらないのなら包丁は三徳《さんとく》包丁1本あれば充分です
今日は魚を卸《おろ》すのに出刃《でば》、お刺身用に柳刃《やなぎば》、ツマなど野菜用に三徳包丁の3本を使います
ちなみに私は20年同じ洋《よう》包丁1本

それでは相模湾産《さがみわんさん》 真鯛
45cm 1kg
いきま——す
まずはウロコをはがします
ヒレの付け根はとくにしっかり、うりゃうりゃうりゃ
おかあさんがウロコを引いている間に
台所で一番大きなバットに魚屋からもらってきた氷を
バットに氷?
魚が緩《ゆる》まないように冷蔵庫がわり、冬場《ふゆば》でも魚はこれが大事
できましたよおとうさん
魚にはいろんな卸し方があるけどあくまでわしの卸し方
まず、胸ビレのすぐ後ろから内臓を傷つけないように包丁を入れて頭を落とします
↑こういう角度で包丁を入れる。

内臓はつけたまんま
口《くち》の真ん中に出刃包丁を差しこんで
頭を2つに割る
それを開いたらアゴとエラを切り離して手で引きちぎると内臓がまとめて取れてきます
お願いしますおかあさん
はいおとうさん
鯵《あじ》とか鯖《さば》だとエラなんか手でやっちゃうんだけど
そこは鯛、エラも丈夫なのよね——
きれいきれいに水でよーく洗って——
そしたら胸ビレ、腹ビレを切り整えて——
頭を左右とカマに切り分けて——
お次は真鯛の腹を切り開いて
歯ブラシで腹の中の血合《ちあ》いを
きれいに掃除してやる

さくっ
3枚卸し
プロは腹側から背中まで一気に開いたりしますが
私は魚の基本通り、腹、背、背、腹の順に包丁を入れていきます
まずは、頭を左にして腹
180度向きを変えて、背ビレの上に包丁を
さらに向きを変えて、背骨の上に包丁を入れる
この時に身を持ち上げ過ぎたり、めくったりすると身割《みわ》れして刺身が美味《おい》しくありません、ご注意を
悪い例
腹から頭にかけて鯛の背骨はとても背が高いので、そこを考慮して包丁を立てるように
断面図
包丁
背骨のこの部分
それだけで骨に残る身の量が寿司《すし》一貫《いっかん》分は違います
そこがムズかしいのよね
もう片側も同様に
今度は背側から

はい!!
これがカブトの処理と3枚卸しの完成形です、途中失敗したりしても最後にだいたいこの様な形になっていればオーケーです
季節が春、秋になりますとこれに卵や白子《しらこ》のおまけがついたりします
白子
鯛子
次に腹骨をそぎ取りますが
すっ
この時に腹骨に身を残さないようにと頑張りすぎると初心者はそこでくじけます
いいんですよぶ厚く切り取って
カマと腹身は後でひと塩のちょい干し焼きでいただきます
そっか——、オレもそこでくじけるんだよな——
骨付きの腹身なんて、刺身より焼いた方が絶対絶対美味しいのよ
スペアリブなのよ!!
次に血合い骨にそって柵《さく》に切り分けまして

お刺身に血合い骨が残ると非常に食べにくいので、図の矢印の部分はしっかりと取り去りましょう
それではもうひとつの片身《かたみ》を
ちょっといいですか、きくちさん
さっきからお刺身にする魚の身はずっと氷のバット上ですよね
カワハギもそう、鯛の片身も
常温じゃなくて常に常に冷やしておくものなんですか?
あくまで経験で
釣りたての捌きたてだと刺身は常温の方が美味《うま》い
けど、一度氷で締めた魚はこうしとかないと
すぐに身が緩んじゃうのだ、夏場なんて特に
私も最初は半信半疑《はんしんはんぎ》、別にそこまでしなくてもいいんじゃない?
正直そう思ってたの、でも料理屋、料亭、お刺身を意識して食べてみると
負けないのよ、おとうさんのお刺身♡

料理は素材に優しく丁寧《ていねい》に
包丁の技、テクニックはずっと後
お腹すきました早く食べたいです
何言ってるんだこれからカワハギも捌くんだから
食べたい食べたい
子供か
食べたい食べたい食べたい
食べたい食べたい食べたい
では取り急ぎ真鯛の試食!!
血合い骨を取り去りました
出刃包丁はここまで
出たアラに塩をしてちょい干し
カマに腹骨、焼いて食べるのは強め
カブトに背骨にヒレは出汁《だし》用だから塩は弱め

食べたい食べたい
食べたい食べたい
んじゃあ、湯引《ゆび》きじゃなくて手っ取り早く
バーナーでやっちゃう
裏返したバットに片身分の柵を並べて
すぐに氷水で粗熱《あらねつ》をとる
ペーパータオルで水気を切って
今日の真鯛は皮が少々固め
なので、包丁で皮に切れ目を2本ばかし
もう片方は普通に皮を引いて
食べたい食べたい食べたい食べたい
だったら手伝え!!
山葵《わさび》、お願いおかあさん
はーい
ツマはいいや大葉だけで
はーい

へいっ
お待ちぃ
うわあ!!
すんげえ美味そォ!! 試食の域《いき》越えてますよ、これ――!!
これで充分なんじゃない? 盛り付け大葉1枚だけで
お皿の上に食えない飾りはのっけないのがうちの信条
お皿の色に白身が映《は》えますねー
私もこのお皿お気に入りなの、もとはコーヒーカップの受け皿なんだけど

皮の切れ目
おろしたての
生山葵《なま》――
見た目がもう
料理屋です
ね――
すげ
美味《うめ》ええ!!
臭みとか
何もなし、
鯛そのものの
香りに
皮のコゲ目の
香ばしさが
サイコー!!
このレベルのお刺身が
出てくるって
そんじょそこいらの
料理屋じゃ
ないわよね
たん
これも試食
どーーぞ

●『きくち家 渾身の料理はオサシミ。其の一』終●

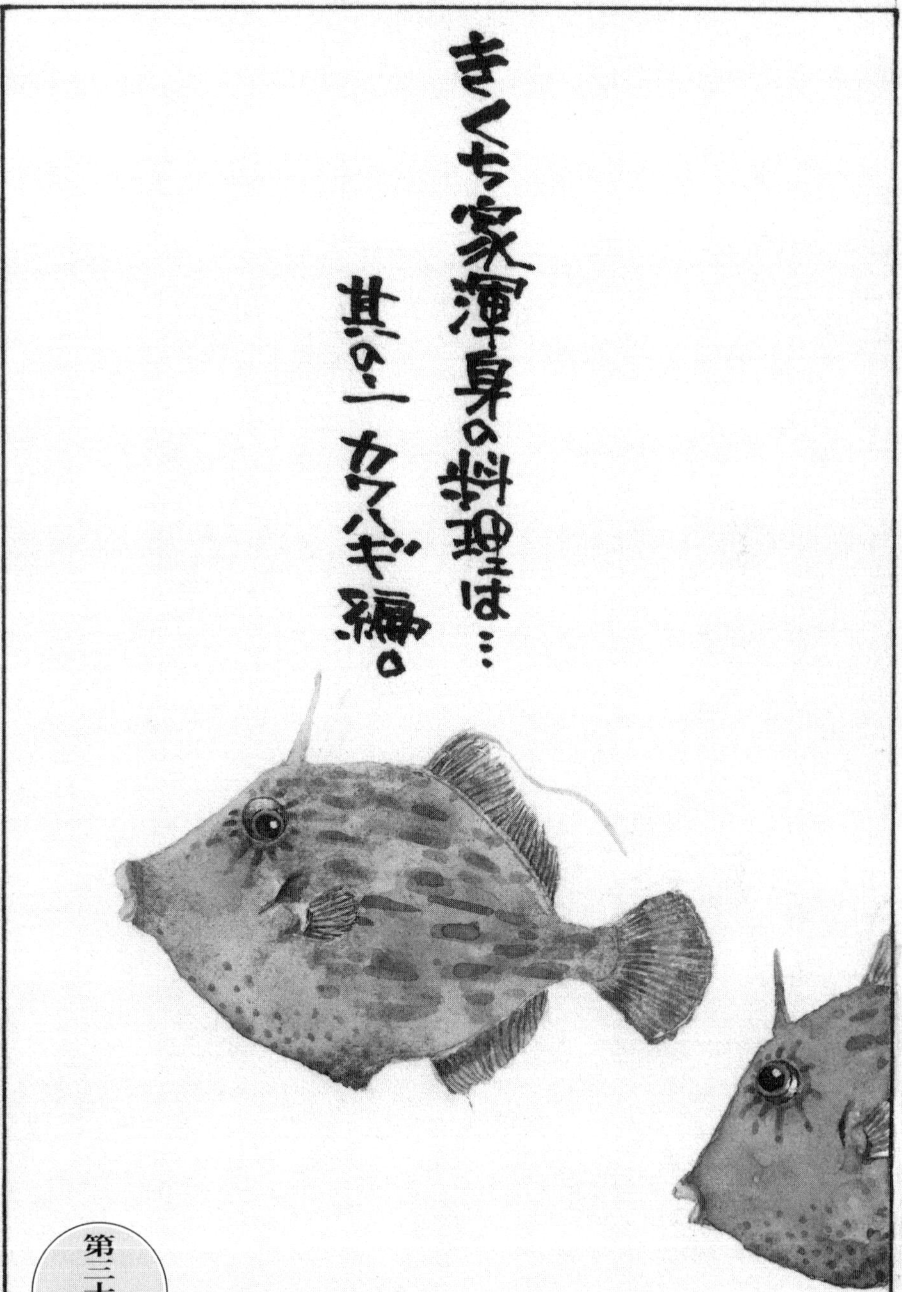
きくち家渾身の料理は…
其の三　カワハギ編。
第三十二話

前回の続き――
いきなりカワハギ卸《おろ》しまーーす♡
♪
楽しそうですね、きくちさん
好きなのよー魚捌《さば》くのがー、仕事もあれくらい……
髙松《たかまつ》君、君《きみ》はカワハギを卸したことはあるか?
ないっス
日本人なのにか
カワハギ卸すの日本人にちっともポピュラーじゃないっス
よーく見ておきたまえ
魚類でカワハギほど図画工作的に卸して楽しい魚は他にないから――
くっくっくっ
仕事も――

カワハギの卸し方は
人それぞれ——
あくまで
わしのやり方で
まず、首の
つけ根から
背骨まで
包丁を入れたら
ざくっ
両の手で胴体と
頭を一気に
引き裂く!!
カワハギと
いえば、
ほら——
カワハギの肝《きも》って
こんなになってんだ
今日のは特別に
大きいんじゃない
かしら——?
肝を取り出す
前に、これ!!
この緑色の
これが
苦玉《にがだま》!!
これを破ると
せっかくの肝が
全部
パ——!!
なので、指で
引きちぎって
早々に
捨てちゃう!!
色は
きれいなの
にね——

あとはスプーンを使って
肝を傷《いた》めぬように
こいつが魚類中史上最強美味《びみ》の
カワハギの肝!!!
そしたらたっぷりの塩で
30分から1時間
その間にツノと
背ビレ、腹ビレを切り落として
カワハギ君はウロコにぬめりも何もなし
おまけにサメ肌《はだ》ならぬカワハギ肌で
手がちっとも滑《すべ》らない
だから作業がとてもしやすい、その上血合《ちあ》いも少ないから匂いや生臭《なまぐさ》みもほとんど気にならないのだ
楽しそうですね――
仕事も――
カワハギ卸しのハイライト胴体の断面から
皮をぎゅっとつまんで

一気ーーー!!!
カ・ワ・ハ・ギ その名の所以《ゆえん》さ
丸ごと皮がムケちゃうんだーー!!
けど、すっげえどや顔
見たいわーー 締切前に原稿あがってーー
顔の方も同様にムイて
逆《さか》さにし、内側から包丁で2つに割って
水洗い
あとは前回の真鯛と同様 腹、背、背、腹の順に
包丁を入れて3枚卸し
よけいな力を入れないことがポイント
これが3枚卸しの完成形
カワハギは大きさも手頃、身も骨もしっかりしてるので鯛よりも捌《さば》きやすい魚かも

おとうさん いいですか?
前回 引いた 真鯛の浮袋《うきぶくろ》とかの アドリブ料理
あれはカワハギでも できますか
もちろん
カワハギでも なんでも
内臓を包んでるこの 白いやつ
これが カワハギの 浮袋
きゃああ
小さい――
ならっ!
アドリブ料理 カワハギバージョン
3枚卸しの カワハギ―― 血合い骨を外して 柵《さく》にとりました
カワハギは皮を はぎ取った下に 実は薄皮が 1枚ありまして
取り除いた方が より上等な お造りになります
それを刺身 包丁で魚の皮を 引くのと同様に
ただ、皮が薄い分 やさしくそっとです
この薄皮も 適当な 大きさに切って
日本酒、味醂《みりん》、醤油、3・3・4を 目安にさっと 煮てやりまして
しょうゆ
酒
仕上げに 山椒《さんしょう》を ひとつまみ
オツよね――

仕上げに カワハギの柵、それにさっきの
真鯛の柵にも 軽く塩をして 少々寝かせ ます
さっさっ
塩はなんのため なんスか?
身を締めて やるのと 軽い熟成
白身魚はこれで 旨味《うまみ》が増す
アラはどう なってますか、おかあさん
はあい
ぬかりなく、真鯛にカワハギ
軽くひと塩して 縁側《えんがわ》に干《ほ》して ありまーす
ありがとう、では生山葵《なまわさび》 お願いします
それではツマ 大根を桂《かつら》むき
これは やっぱり毎日 数こなしてる プロには勝てん
桂むきした 大根は10㎝程に 切って
えええっ!? せっかく長く 剝《む》いたのにですか?

刺身のツマだって食べ物、見るからに機械で切りましたー的な
長すぎてハシでつまんでもこんがらがって食べづらくてしょうがないのよりは
短めのツマの方が食べやすいしシャキシャキと歯ざわりもよろしい
細めの千切りにして
とととん
大葉《おおば》と氷水へ
それで歯ごたえもツヤも増す
しずく〜
先ほどの塩をした真鯛とカワハギの柵
塩をすると表面に汗のように水気が浮いてくる
匂いのもとでもあるそいつをペーパーで吸いとる
おっとっと
カワハギの肝を水で洗い
これもペーパーでそっとそっと水気を切って――
切りつけ盛りつけは本当にその人の好きずき
私もそのつどそのつど変わりますので正解などありません
ここまでやれば魚はどうやっても美味《おい》しく食べられるもの
あくまで絵は完成形の一例です

わ…

マ…マジスか、マジ料理屋レベルじゃないスか!!
どや
いちおう料亭舞台のマンガを15年描いてたからな
ちなみに刺身の皿は初期伊万里《いまり》青磁三足皿《せいじみつあしざら》
料亭だって普通出てこんぞ
お金の使いどころ感覚がおかしいの
ここれ
カワハギっスか!?このぶ厚いの!!
生山葵にお醤油ちょん
普通カワハギっつったら専ら《もっぱ》薄づくりだからな
まあ
食べてごらんよ
ぱく
歯ごたえさくさく——!!カワハギのこんなの初めてっス
美味ええええ!!
料理屋でカワハギっていうとみんな薄《うす》づくりフグの代用品
でも、それだとフグの方が美味しいに決まってるしカワハギに申し訳ない
カワハギの味がダイレクトっスよ——
だからうちのカワハギは普通に平《ひら》づくりか角《かく》づくり

ここは
もしや 肝醤油《きもじょうゆ》
んじゃあ
次はこれで
はいっ
どうぞ 高松さん
ここは?!
もしや 肝そのもの
これは普通の 醤油で
ふわっふわっ
この無限ループは 止まりませんよ!!

んじゃあ♡
私も ご相伴《しょうばん》
これ、あれよね 前回 真鯛で私の ツボだったやつ
カワハギの 浮袋――
ぱく
あ♡
このぐみぐみ ぷにぷに感 ツボ――♡
さて♡
そんで これ!!
カワハギと いったらこれ、 肝和《きもあ》えよねー!!
オススメは 何何《なになに》?
お醤油 に?
レモン 絞って
はむ

カワハギの肝や至福の一里塚。
前回の真鯛の試食から始まって
真鯛にカワハギの肝まで乗っけた刺盛りに
カワハギの肝和え
浮袋料理なんてオツな珍味のおまけつき
魚料理満喫っスねー
料理屋さんでこんな頼んだら
肝和え こないだ居酒屋さんで食べて 量はこれの半分で 1000円以上っスよ
そうよねーー
魚の1本買いっていいこと尽くし

お料理だって こんなもんじゃ 終わらないわよ
お刺身にしない 端《はし》っこは醤油に 漬けてあとで お茶漬け
残りの 真鯛とカワハギの 柵は昆布《こぶ》締《じ》め
カマに 腹骨は ちょい干しで 炙《あぶ》りに
それ以外の 干したアラは 潮汁《うしおじる》かお味噌汁 にって
昆布締めはラップで包んで
お得っスね――
魚捌くのは 慣れ
いい包丁 1本買って 魚も1本買いで 楽しいぞ―― 魚捌くのは――
Tシャツ 2000円だと 買えない 男がよォ
髙松さん ごはん欲しく ならない?
遠慮 しないで 言ってね
そういえば
おかあさん 海苔の新しいの あったかな
キズ海苔だけど 封開《ふうあ》けてないのが

●『きくち家 渾身の料理は……其の二 カワハギ編。』終●

きくち家のつくりおき。

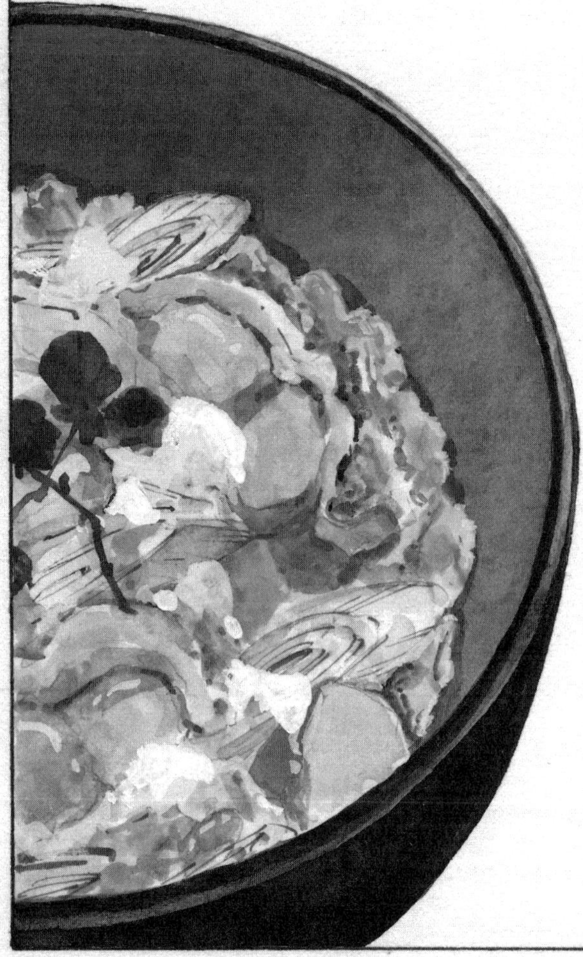

第三十三話

きくち家のつくりおき？
なんだろ……めんつゆとかカレー粉とか
塩糀《しおこうじ》に唐辛子《とうがらし》味噌《みそ》
食べ物っス!!調味料じゃなくて
漬物だ、もち米漬《ごめづ》けに沢庵《たくあん》
紅生姜《べにしょうが》
もう一声《ひとこえ》
塩鮭《しおじゃけ》に塩鰆《しおさわら》
ハタハタの干物《ひもの》
ナマだよッ、それ生《なま》、焼かなきゃ食えないそれ生《ナマ》――!!
例えば、冷蔵庫から出してきてレンジでチンして、さあ一品
ハンバーグ、照り焼き、肉詰《にくづ》め、つくりおきは今や料理の常識っスよ

電子レンジ無《ね》えし
ふんだ
言うんじゃなかった
料理はつくりたてが一番美味《うま》いに決まってる
それをなぜ冷蔵庫に入れて不味《まず》くする必要がある
カレーなんかも二日《ふつか》三日《みっか》よね、あとは味が落ちる一方——
そう言わずに何かないスか?
ちょっと前もってつくっておけば便利な——
何かと忙しい家庭に役立つ料理
だったら親子丼
ええええ?!
親子丼こそつくりたてじゃないと、つくりおきじゃなくて玉子のトロトロ感とか——
だからその前の段階
いわば、親子丼の素《もと》
これがあれば調理時間は2分、カップラーメンより早いわよ
マジスか!!?

というわけで
今回は、下拵《したごしら》えさえしておけば本当にあっという間
きくち家の親子丼に
セットでお新香《しんこ》、味噌汁つけちゃう
主役の丼《どんぶり》の前につくりおきといえばきくち家では漬物あれこれ
本日は冬のこの時期が旬、日野菜《ひのな》のひと塩漬け
肉質が密で歯ごたえ抜群!!

一 日野菜ら〜ム本を2日程軽く干します。
細長い大根のような形をしているが大根ではなく かぶ!!
二 干した日野菜を軽く水洗い
じゃあ
首から肩にかけての赤紫色が本当にきれいな野菜なのです。
三 ボールに大サジえの塩でよくよく揉みます。
塩
四 ビニール袋に入れて
葉っぱをぐるぐる巻きにしてまとめると形よく仕上がります。
五 空気を抜いて口をかたく縛って
六 重しをして4〜5日から一週間くらいで
完成!!

きくち家親子丼に、今日は冷蔵庫に塩蔵《えんぞう》わかめがあったのでわかめの味噌汁
醤油、味醂《みりん》、長ネギに玉子
鶏《とり》もも肉2枚
味噌汁の出汁《だし》は昆布に鰹節《かつおぶし》、宗田鰹節《そうだがつお》の厚削《あつけず》りに、いりこ、水で戻した塩蔵わかめ
しょうゆ
みりん
味噌
味噌は米糀《こめこうじ》味噌
親子丼の出汁が抜けてませんか?
親子丼の——
出汁《ダシ》!?
鍋に水、おかあさん
はいおとうさん
無視かーい
味噌汁の出汁を多めにとって
親子丼と兼用だ、そうですね!!?

コンロにかけておかあさん
やっぱり無視かーい
かけました、おとうさん
なんと?!
出汁はとらない!?
そう!!
きくち家の親子丼は
出汁はひかない――
でもオ〜
普通、親子丼のつくり方って味醂、醤油にダシの素とか
めんつゆで鶏肉煮るのが常識じゃないスか
ぺち
そしたら鍋に水洗いした昆布
結局、無視かー―ーい
鰹、宗田鰹、いりこを入れて
火を点《つ》ける
ぼん
味噌汁の出汁としてはこれで充分
なので、前《さき》の材料のコマには描かなかったが
今日は特別に
なんスか!?
干《ほ》した大根の皮
大根の皮――!!? それも出汁っスか!?
そう

精進《しょうじん》料理とかじゃ普通に干し大根て出汁に使うらしいのよ
魚の出汁と一緒にすると魚のクセが抑えられてとてもマイルドな味になるのよ
へええええん
水で戻したわかめを切るのだが
ここでひと手間
ひと手間!!いいですね——
わかめを切《き》り揃《そろ》える
ほほう
わかめを切り揃える
わかめを……?
言ってる意味が分かんないスけど
味噌汁の豆腐、大きさがてんでバラバラでいびつと、きれいに切り揃えたサイの目——食べたいのは?
きれいに切り揃えた方っス
そんな難しく考える必要なし、わかめの元の形さえ分かっていれば
ごくごくカンタンな包丁仕事だよ
塩蔵わかめとして売られているのはこの部分
これがわかめの全体図
図はあくまで略図
ちなみにミミは茎わかめ
ネバネバ建康食のめかぶ

でも、わかめって
めちゃめちゃ
複雑にこんがらがってませんか？
んなこたねえさ
これが不思議と
水に放《はな》った
わかめは
ざああっ…
ほれ、このとおり
ヒモ状の部分を両手でつまんで
あとは
俎板《まないた》に広げて
まずは茎《くき》の方を
切り揃えて
方向を揃え重ね合わせて切り揃えません。
使う分だけ
ボウルに、
あとは
密閉容器に
移して、味噌汁
仕込み 完了
んじゃあ
親子丼は
私の担当
今日は鶏もも2枚、
家族スタッフ
合わせて8人前

といっても、やることはとってもカンタン
鶏もも肉は1枚をざっくり4等分
じっく
じっく
じっく
次はお肉の繊維《せんい》を切るように薄切りにして
鍋にひたひたの水から火にかけて
沸《わ》いたところでアクを掬《すく》って
ぐつ
ぐつ
味醂と醤油は1対1
もも肉1枚におたまでひとつ60ccくらいずつかしら
5~6分 煮たら火を止めて
親子丼の素完了!!!
ぐつ
ぐつ
本当にいいんスか!?
出汁ー
君は卵かけごはんにめんつゆをかけるかね
かけないっス
だったら出汁はいらないな

ぐう‥
お次は 味噌汁の素《もと》の 仕上げ
ギッ
出汁の鍋に 味噌を溶き 入れて
出汁ごと 漉《こ》したら
完了!!
さささっ
鍋に2つ、 親子丼の素、 味噌汁の素
斜め薄切りの 長ネギに卵
小口《こぐち》切りの長ネギと わかめに、お椀《わん》、 日野菜のお新香、 すべて揃いました
こっからは 早いわよー♡
はいっ
小鍋に薄切りネギを 敷いたら
親子丼の素 一人前を その上に とりまして
強火の火に かけまーす

小鍋って？
親子丼にカツ丼といえば、こういう
昔はそれでやってたの、でも、浅すぎて鍋振ったりできないから使わなくなったわ
ぽっ
親子丼で鍋を振る!?
では、わしは味噌汁だけの味噌汁の素を人数分 別鍋に取り分けて
使うコンロは2つ
親子丼の鍋のとなりにかけまして
私はごはんをよそいまして
卵1ヶを割りまして
かしょっ
卵はざっくり5〜6回、決してかきまぜすぎぬよう
はい、おとうさん
いきます、おかあさん
がしょがしょ
小鍋に卵を回し入れ
鍋肌《なべはだ》に卵が固まり始めたら

卵が鍋肌に くっつかぬよう 鍋を——
小っちゃくても こういう 普通の鍋の方が
鍋を 振る
こりゃァ 親子丼鍋 じゃムリ だわ
味噌汁の素が 沸いたところに
わかめに 刻みネギを 投入して
味噌汁 完成
親子丼も 出来ました
一人前 本当に2分!! めちゃめちゃ

いただきます

びっくう!!
親子丼に出汁なんていらないじゃないスか——!!!
逆に味がめちゃくちゃ澄《す》んで——!!
ずず…
おまけにそのおかげでこの味噌汁が
んんん
魚《さかな》出汁《だし》の味、香りがクリアー
親子丼、味噌汁、どっちも魚出汁だったらわけ分かんなくなりますもんー!!

この日野菜
親子丼にはやっぱり大根、沢庵スよ——
ぽりっ
ぽりっ
え?大根じゃなくて?
蕪《かぶ》!!?こりゃ失礼
うちは仕事場と家《いえ》が一緒だから——
スタッフさんも家族も——
そうすると食事時間がスタッフと家族で違ったり
さらに子供たちがバラバラだったり
日常茶飯事なのよね——
そんな時、威力抜群なのがこの親子丼の素
それに味噌汁の素に、わかめに限らず豆腐、油揚げなんかのかんたんな中身ね
味噌汁は嫌《いや》っスよね——何度も温《あたた》め直したのとか
鍋を火にかけっぱなしとか——
きくちさんちの味噌汁美味《うめ》え——
だから、うちのはつくりおきといってもこの程度
忙しくて、家《いえ》におかあさんがいないうちは別だけど
うちはおかあさんがベタとか手伝ったりするから
忙しいほど家《いえ》にいるの——

●『きくち家のつくりおき。』終●

第三十四話

弥生三月、きくち家の炒飯は紅生姜。

ほぉおお
ほけきょ…
とんとん
とんとん
とんとんとん
おかあさん、竹ザル大きめ一枚お願い
とととん
はい おとうさん

おじゃましまーす、幻冬舎コミックスの高松でーす
ゲラのチェックに次の原稿の打ち合わせにあがりました――
なんスかなんスかなんスか――!!?
普通の家庭じゃありえない量の生《しょう》姜《が》!! 何が始まるんスか――――!?
紅《べに》生《しょう》姜《が》!?
紅生姜、自分ちで作るんスか!? きくちさん
といっても、市販のみたいに真《ま》っ赤《か》っ赤《か》じゃなくて、色でいったらピンク生姜ね
昭和のオヤジには響きがエロいぞ、おかあさん

どうしたら
あの味になるのか
……
調味料とか、すんごい
複雑なんじゃ
やってみると拍子《ひょうし》抜《ぬ》け
するほどカンタン
材料——
生姜、梅酢《うめず》、
保存容器
ザル、ピーラー、
包丁——以上!!
梅酢
生姜は
小さいデコ
ボコを切り
落として
形を揃えて
おくと味に
バラツキが
出ない
さくっ
落としたデコボコは
うどんなんかの薬味、
焼肉のタレ、煮魚
いろいろ使えるので
捨てずにとっとく
軽く
皮をむいて
——
2㎜くらいの
薄切りにして
——
さくさく

それをさらに細切りにして——
とんとんとんとん
少々めんどうでもここを丁寧《ていねい》にすると生姜もよろこぶ
切り終わりました——!!!
ザルに広げて——
風通しのいい場所で1、2時間水分を飛ばす
きくち家《け》干物《ひもの》製造棚《せいぞうだな》
大根の皮などいろんな物が常時干《ほ》してある
じゃあその間に次のネタの打ち合わせ
どスか
こらこらこらあ
仕事の認識をちゃんと持て——
炒《チャ》——
飯《ハン》!?

家庭で作られる料理、中華だったら文句なしにナンバー1《ワン》!!
和洋中《わようちゅう》ジャンルフリーでも絶対 上位にランクインされる家庭料理!!
それが炒飯!! そうは思いませんか!!?
言われてみれば
スタッフの食事でも一食《いっしょく》は絶対炒飯 拵《こさ》えるわね
不評なんスよ、ボクの炒飯家族に――
そういうわけで今回はきくち家の炒飯です!!!
ダメだろう、お前が仕事の認識語っちゃ
うちの炒飯つっても作りおきの焼豚《チャーシュー》なんかがあれば別だけどなァ
基本、冷蔵庫にあるもの――よね
そうそう 冷蔵庫、冷蔵庫 カニ、エビ、ホタテ ウニにカキ、アワビにナマコ、フカヒレ、烏骨鶏《うこっけい》
うちの冷蔵庫は築地か

そうこう してる間に おかあさん
紅生姜 仕上げますか
そうですね おとうさん
さてさて、今日は空気も乾燥気味
1時間半ほど風を当てた刻み生姜を
大きめのボールにあけて——
梅酢をおたまで
今はうちで仕込んだ梅酢が切れてるので市販のやつで
箸《はし》で よーく なじませて
梅酢がなじんだところで生姜をよせて
ボールの底に少し残るくらいが梅酢の適量
そしたら密閉容器に詰めて——
自家製紅生姜仕込み完了!!

生姜を刻む以外は
めちゃめちゃカンタンじゃないスか!?
冷蔵庫入れて3日くらいで味がなじむ
そのまま1ヵ月は余裕で保《も》つわよね
じゃあ、おかあさん紅生姜の補充も済んだし
はい
手前が今仕込んだ紅生姜
こちらが先月仕込んだ熟成《じゅくせい》紅生姜
うわああ
色がしっかり着いてますね――
これで足りるかおかあさん
3人分なら充分でしょ
ずばばっ
きくち家の炒飯、本日は
熟成紅生姜炒飯
うわっ
それ絶対美味《おい》しそォ!!

それでは
今日は作りやすさということで2人前
油はラード、なかったらサラダ油でどうぞ
お醤油、コショウ、塩は使いません
ごはんは必ず温《あたた》かいの、炒飯に冷《ひや》ごはんはNG!!
卵は2ケ
ネギは彩《いろど》り重視で青ネギ
具は冷蔵庫に入ってたかまぼこ
そして紅生姜
材料を切ります
かまぼこは1㎝くらいの厚さに切って
とんとん
それをまた1㎝の拍子木《ひょうしぎ》切《ぎ》りに
とん
そして1㎝の角切り
とんとんとん
青ネギは小口切り、紅生姜はみじん切り
包丁仕事は以上♡

中華鍋を火にかけて、火は強火、ラードを適量　絞って
サイの目かまぼこをさっと炒めます
溶き卵2ケ分
ひと呼吸おいて温《あ》ったかごはんを入れて
なぜ冷《ひや》ごはんだとダメなんス？
炒飯といったら普通
くっついちゃうのよ鍋に、冷ごはんだと
それに水気も出やすいし
今はテフロン加工のフライパンが主流、くっつく心配はないと思われますが
炒飯の大敵は温度差
温度差で窓が結露《けつろ》するのと一緒
冷《ひや》ごはんだと湿気を呼んじゃうのです
パラパラ炒飯を目指すのであればぜひ温《あ》ったかごはんで

さっきから鍋は振らないんですね
鍋は振りません
それで炒飯がパラパラになるんです?
じゃっ
家庭用のコンロで下手に鍋を振ると鍋の温度が下がるばかり
おとうさんの言う温度差
じゃっ
ごはんがベタつくもと
だから、私は鍋は振らないの
じゃっ
その分面積の広い中華鍋にヘラで
じゃっ
鉄板焼き屋さんの締《し》めのチャーハンをイメージして
じゃっ
スゲー納得
本当は振りたくても振れないだけなの――
ごはんがほぐれたところに青ネギ
じゃっ
そして紅生姜!!
じゃっ
コショウ――塩は使いません
最後に鍋肌《なべはだ》に
醤油をひと回し

きくち家、本当に日常の紅生姜炒飯
味は控えめにしてあるから、紅生姜で塩梅《あんばい》してね♡

はふ
はふっ
あまっ
ごはんがホクホクのぱらぱら——
ラードってもっと油っぽいイメージだったんスけど
逆にあっさり、からっと仕上がりますね——!!
んじゃあ
次はトッピングに紅生姜で
はむ
しゃくっ
はふ
はふっ

んんん
炒飯の紅生姜の香りに
さらにさらに生《き》の紅生姜の歯ざわりまで加わって
玉子の黄色に青ネギの緑、それに紅生姜のピンク色
色合いがまるでちらし寿司
春です!! 春の炒飯ですよ!!
そこに煎茶《せんちゃ》、きくちさん家《ち》のお茶がまた!!
中華料理店じゃあ、絶対にありえない組み合わせ
ず…
ほっこり

●『弥生三月、きくち家の炒飯は紅生姜。』終●

第三十五話

タケノコを干し大根の出汁で炊くぜひたく。

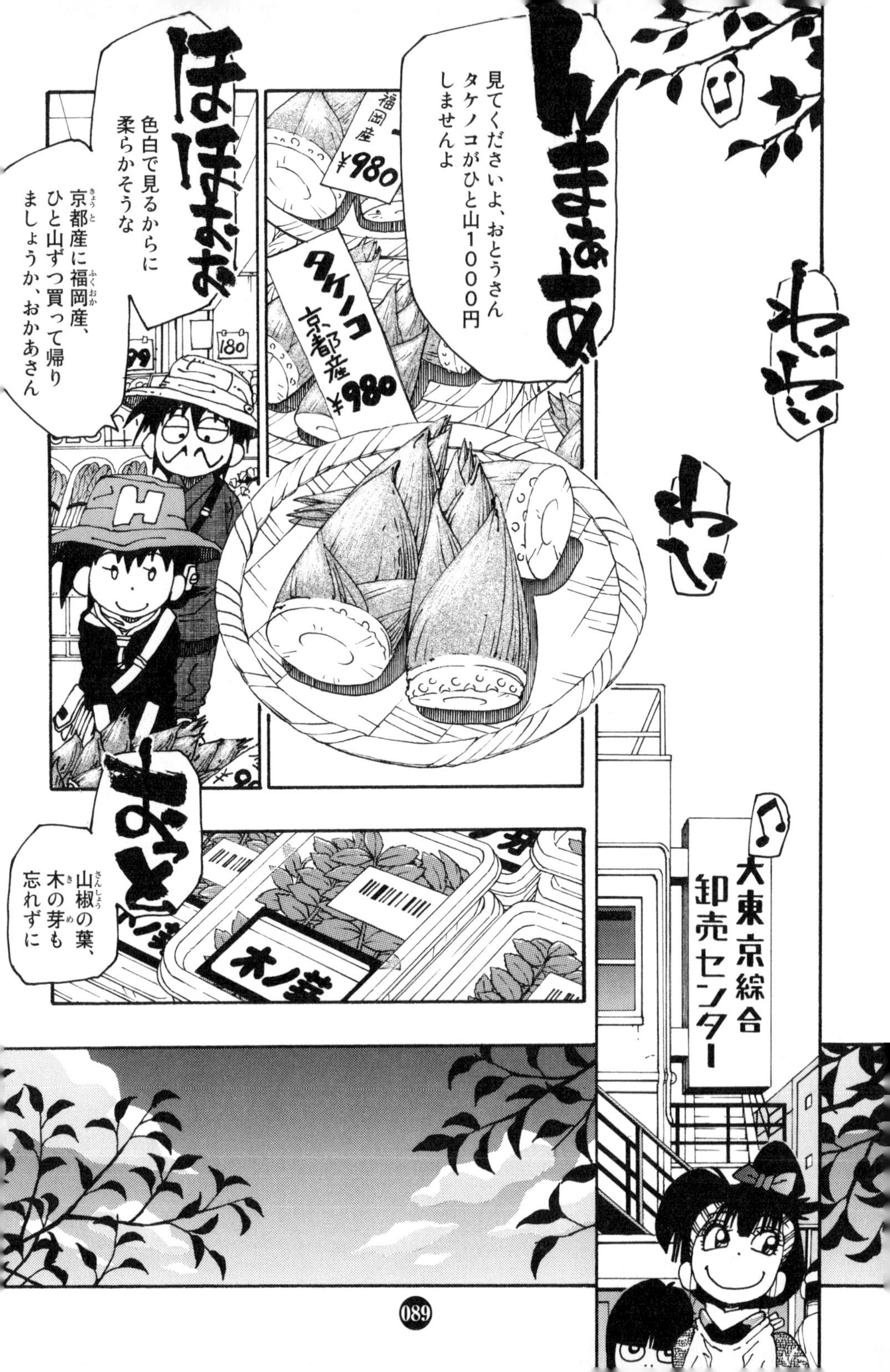
わく
わく
いまぁあ
見てくださいよ、おとうさん
タケノコがひと山1000円
しませんよ
福岡産
¥980
タケノコ
京都産
¥980
ほ!ほぉお
色白で見るからに
柔らかそうな
京都《きょうと》産に福岡《ふくおか》産、
ひと山ずつ買って帰り
ましょうか、おかあさん
180
大東京綜合
卸売センター
おっと
山椒《さんしょう》の葉、
木の芽《きめ》も
忘れずに
木ノ芽

ただいまぁあ
タケノコの下拵《したごしら》えは買って帰ったら即《そく》!!
タワシでよーく水洗い
じゃあぁあ
ガシガシガシ
泥をしっかりと洗い落とす
タケノコの曲線に沿って頭を
斜めに切り落として
ずこ
この時、楽《らく》に包丁が入るようであれば茹《ゆ》で時間は1、2時間
堅くてなかなか包丁が入らないようなら、3時間は覚悟しなくちゃいけない
切り口からタテに切れ目を入れて
ざく
今日のは比較的柔らかめなので1時間半かな
大鍋に水から火にかけて

そこに米糠《こめぬか》を 今日はタケノコが 京都産 小3本 福岡産 中2本
ざっと ふた掴《つか》み
鷹《たか》の爪《つめ》 3本
あとはタケノコが 浮かないように 落としブタをして、 沸騰《ふっとう》してから 1時間半
さて
お次
かしょっ かしょ
追《お》い鰹《がつお》用の 鰹節《かつおぶし》を 削ります
かしょ
削った鰹は お茶パックに 詰めます
あら、おとうさん それはもしかして
たくさん タケノコがあるんだ、 鰹に昆布出汁《こんぶだし》だけじゃ つまらんだろう

きくち家《け》
ちょいと本気の
タケノコ料理
出汁ひとつ目は
日高《ひだか》昆布、
宗田鰹《そうだがつお》の厚削《あつけず》り、
鰹の中厚削り、
追い鰹用の
本枯節《ほんかれぶし》の削りたて
出汁ふたつ目は
干した大根の皮に
干し椎茸《しいたけ》
干し大根の
出汁で
タケノコなんて
余所《よそ》や
お店じゃ絶対に
味わえない
ぜいたくよね♡
削りたての鰹節に
宗田鰹や鰹の厚削り、
日高昆布できちんと
とった出汁がぜいたくと
いうなら分かります
ちょっと
いいですか
干し大根の皮!?
何故《なぜ》それが、ぜひたく!?

だって干し大根の皮、これだけで大根5～6本分あるしね
それを天日《てんぴ》干しでひと月だもんなァ
干し大根の手間ヒマもあるけどやっぱり味
食べてみれば分かるわよ
昆布に宗田鰹、鰹節は水に浸《ひた》して
干し大根に干し椎茸も同様、水に浸しておく
そうこうしてる間に、1時間半
落としブタを外して
ぱかっ
根元に竹串が、多少抵抗があっても
通るようであれば火を止めて

粗熱《あらねつ》がとれるまで
そのまま冷《さ》ます
かち
その間に
昆布と鰹出汁
大根、椎茸出汁の
鍋を火にかけて
ぐら
ぐら
沸いたところで
アクを掬《すく》って
あとはコトコト
火はトロ火
タケノコを
放ったらかしに
しすぎると
アクがまわって
色が悪くなる
ので
じゃあああ
粗熱が
とれたら、すぐ
流水にさらして
中までしっかり
冷ます
冷めたら
皮をむいて
根元の
イボイボを
包丁でむき取る
そしてタケノコの掃除、
欠かせないのが、これ
竹串!!
私の母直伝《じきでん》です
先端を手前に
タケノコの表面を
竹串で向こうへ向こうへ
へずり取る

——で
先っちょの皮を落として
はいっ
タケノコの一番愛らしいフォルムね
ひと口大《くちだい》に切り分けて
昆布に鰹を濾《こ》して
干し大根も濾して——
昆布と鰹出汁味つけ
塩に薄口醤油のみ!!
塩
味つけは塩辛いお吸い物くらいのイメージ
では
京都産のタケノコは鰹出汁で炊《た》こう
本枯節削り追い鰹をして
弱火で20分

お次!!
大根出汁に
干し椎茸の戻し汁を加えて
こちらの出汁は福岡産のタケノコを炊こう
まずは出汁だけで10分
味つけは!!?
だって大根の皮で出汁って、普段でもありえないじゃないですか
どんな料理になるのかまったく想像つかないんスけど
もったいないことでもないし
大根と椎茸の出汁で炊くタケノコの味つけは――
ばん
はいっ
西京の白みそ
赤みそ
味噌!!?

白味噌と米味噌は7対3
カッ
大根の出汁でよーく溶いて
かしょかしょ
タケノコの鍋に投入したら
弱火で5分から10分
鰹出汁の鍋から出汁を小鍋にいただいて
ひと口大に切った若芽《わかめ》をさっと炊く
同じく小鍋に味噌出汁をいただいて
水溶き片栗粉でとろみをつけ、タレとします

タケノコには日本酒よね――
特に味噌炊きにはな

な……なんか見た目がもう
一流料亭っスね、行ったことないけど
鉢《はち》に酒器《しゅき》、器《うつわ》は全部二百年やそこらは経ってる骨董《こっとう》
どんな料亭でもこんな器組《うつわぐみ》はそうそう拝《おが》めん
ニセモノじゃなければ
じゃあ
さっそく
鰹出汁の若竹煮《わかたけに》からいきますね――!!
くんくん
あああ
木の芽の香りがもう、料亭
さくっ
んんんん
タケノコに木の芽、鰹の香りに歯ざわりが
めちゃめちゃ料亭っス!! 行ったことないけど

それでは
干し大根出汁のタケノコいただきます
しょせん大根出汁が鰹出汁より美味《うま》いわけがなかろうと正直思っている
さくっ
さく さく…
こりゃあっ
めっちゃタケノコ
なんじゃこりゃあ
口の中で木の芽の香りがなくなったとたんにタケノコの味と香りが充満して
味噌がまたタケノコの風味を引き立てて
タケノコの邪魔をするものが何もないんスーーー!!!

ねえええええ
タケノコの味がくっきりしゃっきりでしょ——
こんなにタケノコを味わえる料理ってそうそうないわよね——
はいっ
おっしゃる通り!!
こりゃァぜひたくだわ——!!
つぴ
くい〜〜〜
さくく
つぴ
さくっ
つぴっ
さくっ
つぴ
さく
つぴ
無限ループが止まんないっス!!
タケノコこそ日本酒ですね——!!

りんぷう炊《だ》き!?
うん
精進《しょうじん》料理だとは思うがそういう料理らしい
なんでも干し大根を輪切りにして鍋を火にかけてからタケノコを採りにいって
掘りたてを味噌で炊くのが何よりも別格の美味さなんだそうな
へえええ〜
採りたてっスか——
じゅるるる
聞くだけでよだれもんのぜひたくですね——
タケノコが採れなかったらどうするのかしら、干し大根
ミもフタもね——
出汁をとったあとの大根の皮は1センチ角に切って胡麻油とめんつゆで炒める。
歯ざわり歯ごたえのよさはザーサイ以上!!
お酒にもごはんにもぜひ!!

●『タケノコを干し大根の出汁で炊く ぜひたく。』終●

第三十六話

ある意味究極これぞ天ぷらうどん。

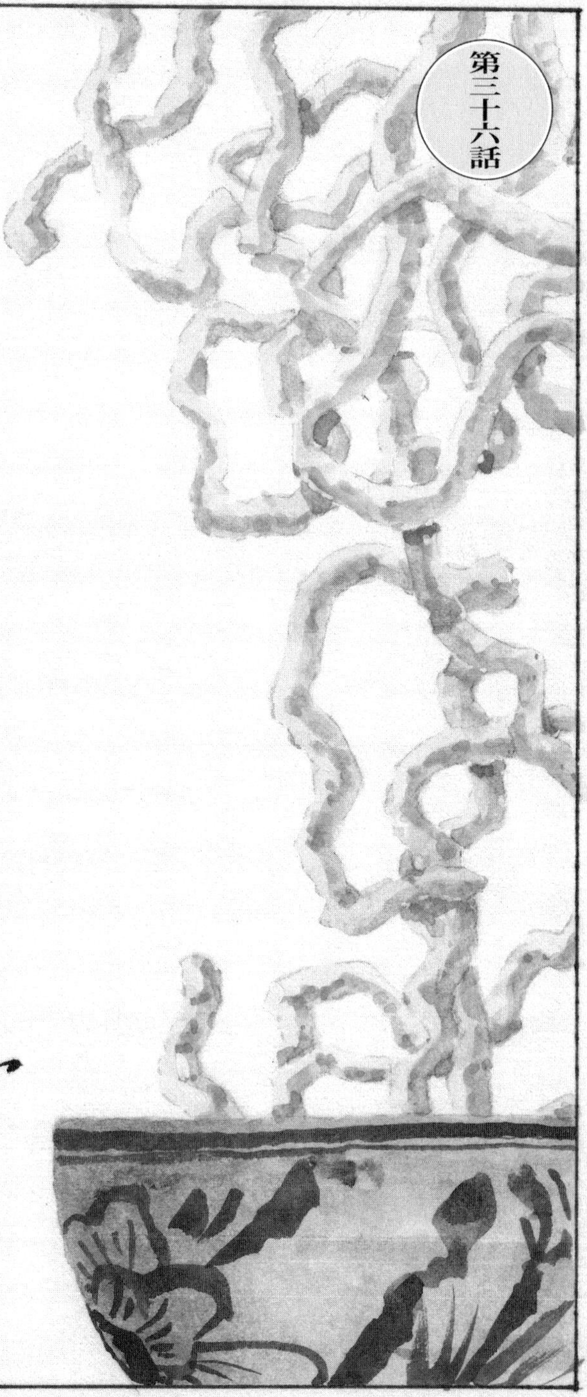

へえええ
伊勢《いせ》行って、伊勢うどん食べて
次の週は香川《かがわ》に飛んで讃岐《さぬき》うどん、
2日で6杯――!!?
ハンバーグ
めっちゃくちゃ
大変な取材スケジュールっスね、そりゃァ――!!
その合間《あいま》に原稿もあげてだもん
でも、本場《ほんば》もんきちんと食わないと――
自分で見て食べて拵《こさ》えてが、うちの信条《しんじょう》だもんね

——てことは
自分でうどんも!?
打てるように
なった!!
すげー!!
いいっスねー
うどんネタ
うちでもやりましょうよ、ぜひ!!
こないだ
よその雑誌で
うどん編
終わったばっかりなのにかー!?
スタッフも、しばらく
うどん描きたくないって
そうか……
よそでは
描いても
ボクの
とこじゃァ
描けないと
うる…
描けないと
ちょ、ちょっと
高松《たかまつ》さん!!?
描けないと
———!!!
描いてあげなさい
おとうさん!!!
えええっ!?

ありがとうございます、奥さん!!
うるうる
いえいえ、娘さんも中学生になられたことだし
泣き落としは新しいパターンだな
——で!?
うどんはどんなうどんですか?
天ぷらうどんだよな
天ぷらうどんよねえ
天ぷらうどん!! 王道ですねー
天ぷらはエビですか? それともかき揚げとか
エビは揚げない、かき揚げも揚げない
揚げるのはうどん
揚げるのはうどんですか——
はあ!!!?

究極のシンプル
天ぷらうどん
うち風♡
まずは
かけつゆの
拵《こさ》え方は
おとうさん
お願いします
はい、
まずは材料
出汁《だし》昆布、
いりこ
厚削りの
鰹節《かつおぶし》
調味料は
淡口《うすくち》醤油に塩
うすくち
しょうゆ
塩
出汁昆布は
流水で軽く
洗って
鰹節にいりこと
一緒に火にかけて
沸《わ》いた
ところで
アクをとって
いりこは
小さかったら
そのまま
大きかったら
頭と内臓は
外します

あとは弱火で
40分
アクが浮いたら
掬《すく》ってやって
40分経ったので
出汁を漉《こ》します
味付《あじつけ》は塩が8分《ぶ》
残りの2分《ぶ》を
淡口醤油で
決めてやる
鰹といりこ、
合わせて使う
理由は?
讃岐うどんに
ならって
ちなみに
今回のいりこは
香川で仕入れた
瀬戸内海《せとないかい》は
伊吹島産《いぶきじまさん》
やっぱり違います?
瀬戸内産は
脂が少ないから
出汁がとっても
軽くて上品
かけつゆは完了!!
あとで揚げた
うどんにいろいろ
薬味も入る
うどんは元々
塩が効いているので
塩も控え目に、
味の完成度は
9割にとどめる

お次は薬味
大根、生姜《しょうが》に葱《ねぎ》を準備して
な、なんスか!? 大根これ全部使うんスか?
食べ物の取材って行ってみるものねー
讃岐うどんって未《いま》だにセルフのお店が多くて
にょきにょき
大根おろしもお客さんどうぞって、おろし金《がね》と一緒に大根が出てきてー
その大きさがまた半端じゃなくてー
にょきにょき
お店見渡すとそこいらじゅうテーブルからにょきにょき大根が、まるで生《は》えてるのー
大根おろしに生姜もたっぷりおろして
葱はみじん切りで薬味はオッケー
天ぷらの準備
鍋に油を火にかけて
小麦粉に氷水

そしたら メインのうどんは こちら
袋入りの きしめん♡
きしめん
じゃん
この展開で 名古屋《なごや》の きしめん!?
こんだけ讃岐 うどん寄りに話を 進めといてー!?
ちょっきん
まずは袋麺を ハサミで切り まして——
袋に水を少々
そのまま 麺をほぐし ちゃう
ザルに とって
水気を 切って
小麦粉と氷水は 4対6を
箸で さっくり 混ぜて——

うどんひと袋で 2人前
揚げると けっこう量が 増えるから
衣を つけて
油の温度は 170度から 180度で 3分
高めの温度で、 短時間で 揚げるのが ポイント
本当は 本格手打ちうどん とかでやれば いいんだけど
揚げうどんには どうやら 向かないみたいで
食感が固く なりすぎちゃう のよね
結局、 いろんなうどん 揚げてみて——
揚げた時の もちもち感は 袋麺のきしめんが 今のところ一番
あとは麺が鍋底に くっつかないように 注意して
途中ひっくり 返して——
気持ち 色が ついてきたなー
くらいで

油を切って――
麺を丼にほぐし入れて
かけつゆを張って――
大根おろし
生姜に
葱をあしらって

一味
七味
はふ
はふ
は…
はふ

なんじゃこりゃあ!?
エビ天もかき揚げも入ってないのに
味も香りも天ぷらうどんになっちゃってる——
おまけに歯ごたえも独特で——
もっちもちなのにうどんの外側はきっちり弾力もあって——
おまけにカサも増えて満足度も抜群だし——
油で揚げてるから腹《はら》持《も》ちもいいしな
これで半玉《はんたま》!?信じられねー
揚げる手間はあるけど中身は素うどんだもんね、安あがり——
主婦にうれしい天ぷらうどん

ごちそうさまあっス!!
揚げもんスけど大根おろしに生姜もたっぷりで
最後までさっぱり食べられました——!!
うどん汗《あせ》出るよな——
——ところでどうなんです!?
きくちさん家《ち》って料理には常にお酒が付き物じゃないスか
うどんってどうなんス?
この天ぷらうどんだったら何が合うんス?お酒——
そうなのよね、うどんって、欲しいと思わないのよね、お酒——
やっぱりうどんは締めなのよ——
ちなみに
高松《たかまつ》には朝の4時までやってるうどん屋さんがあって
高松市民みんな大好き
鶴丸カレーうどん
深夜だってのに超満員——どんだけうどんが好きなんだ、高松
嫌いじゃないスけど
ややこし——

そうか、それじゃぁ
今日は飲めないと
飲めないと――――!!!
人として どうよ、それ
大丈夫です、そこはきくち家
お酒を呼ばない料理は料理に非《あら》ず、うどんも然《しか》り!!
おまたせしましたぁ
うどん天ぷらネクストバージョン♡

●『ある意味究極？　これぞ天ぷらうどん。』終●

ちっともあたりまえじゃ
ない渾身の
ぜひたく
高松のいぬ間に……。
第三十七話

きくちさーーん
はぁあい
ぴんぽおん
お荷物でーす
はぁあい
おとうさん
おとうさん
ひそひそ
がちゃ…
なんだ
おかあさん、
そんな小声で
ひそひそ
良《い》いものが
届いたのよ
仕事中だぞ
ひそひそ
でも、とっても
良いものだから
ひそひそ
仕事中
だってのに
おわぁ

タ…
保冷材
タケノコだ――!!
長さも太さもなんもかんも超《ちょう》のつく特級品タケノコ
誰から?
横手《よこて》の
慎太郎《しんたろう》君――
ひそひそ
台所は片づいてるか、おかあさん
まかして
じゃあ、さっそく
仕事中では?
ひそひそ
仕事とタケノコ、おかあさんなら?
タケノコ
ひそひそ

一般にタケノコといえば
孟宗竹《もうそうちく》のこういうのを
指しますが
私の地元・秋田《あきた》を含む
北東北《きたとうほく》でタケノコと言えば
この根《ね》まがり竹《だけ》を指しまして
竹《たけ》といっても笹竹《ささだけ》ですが
秋田県人《あきたけんじん》は、これに
目がありません
朝の味噌汁かい
これだった ときのしあわせ♡
クマと鉢合《はちあ》わせ
するリスクを
ものともしないし
ちなみに山菜採《さんさいと》り、
とりわけ根まがり竹
採りで熊に襲われる
ニュースがあとを
たちません
その理由を
説明しますと
根まがり竹
(以降タケノコ)と
いうのは成長しても
せいぜい人の身《み》の丈《たけ》
おまけにものすごく
密集します
そこでタケノコを
探すのです
姿勢は
自然に中腰、
目線は熊と同じ
高さ
視界は
ほぼゼロ
ですから
熊と至近距離で
遭遇する確率が
ものすごく
高いわけです
人もびっくり
しますが、
熊もびっくり、
時すでに遅しです
だったら
タケノコ採りなんて
やめればいいじゃ
ないか——
答えは
NO!!
クマより仕事より
タケノコ、
それが秋田県民の
DNAなのです
お義兄《にい》さんの
名言
〝タケノコが
あったら
ヒマラヤでも
登る〞

編集者にはナイショ、髙松《たかまつ》のいぬ間に
あたりまえじゃない 全身全霊《ぜんしんぜんれい》 渾身《こんしん》のぜひたく!!
本日の特選《とくせん》食材はもちろんタケノコ
秋田県は生保内《おぼない》産 最高ランクの根まがり竹
生保内産はともかく根まがり竹
お取り寄せでいいからなんとか入手してください
あたりまえじゃない 渾身のぜひたく
ここぞっていう時のために冷凍庫にとっといた
ええええ?!
まさか、まさか——!?
生保内産だぞ、それに失礼があっちゃいかんだろォ!!
猪肉
昨年の暮れ、街並み取材で現地を訪れた際、あまりの美味《うま》さに感動
以来うちじゃァ和牛よりもステイタスが上《うえ》
丹波《たんば》篠山《ささやま》直送 猪肉《いのししにく》!!
同じく丹波産玉コンニャク
このコンニャクが地味に美味《おい》しいのよねー

あとは木綿豆腐、これも本日ばかりはなるたけ上等なの
特選 三之助
ネギは九条《くじょう》ネギ
味噌はわしの実家製米味噌三年もの
純米 本みりん
出汁《だし》昆布、みりんに生姜《しょうが》
では、おとうさん本日のお料理は
髙松のいぬ間にあたりまえじゃない全身全霊渾身のぜひたく
ぐつ
ぐつ
秋田県生保内産根まがり竹と丹波篠山産猪肉のォ――
味噌煮込み鍋――!!
気が遠くなるほどぜひたくだわ――♡
それではさっそくタケノコの下拵《したごしら》え
といっても根まがり竹は孟宗竹と比べてアクが少ないので
下茹《したゆ》で無し、皮をむくだけ
そしてタケノコの皮を剥《む》くのにとっても便利なアイテム!!
その名もタケノコ楽々《らくらく》皮むきカッタ――(笑)
これは、ここのV《ブイ》字になってる底にカッターが仕込まれてて
そこにタケノコをはさんで皮に切れ目を入れるだけの道具なのだが

実際これが無くとも皮は剥けるのだが、あるとやっぱり重宝はする
――ていうか、こういった装置が家にあること自体タケノコバカよね――
楽々皮むきカッター(恥)で切り込みを入れて
タケノコの下から上へ皮を剥いていきますが――
ここでタケノコバカあるある タケノコの皮を剥く時
先っちょの先っちょまできれいにきれいに剥くのがタケノコバカ
これをついつい雑にやっちゃって先っぽがほんの少しでも折れたりすると
タケノコバカは落ち込むのよね――
もひとつタケノコバカあるある
秋田県民にかぎらずタケノコを剥いたことのある子供は――
剥いた皮の先っちょで
ほぼ100%こういう遊びをします
妖《よう》怪《かい》人《にん》間《げん》――
ベラ――
大人でもする奴

それでは
あたりまえじゃない
渾身ぜひたく鍋
剝いたタケノコの
下ひと節は
固いので切り落とす
たん
それの上に
ペーパータオルを
かぶせて
擂《す》り粉木《こぎ》か
ビール瓶《びん》で
叩く
ばごん
鍋に水、
叩いたタケノコの
根っこ
出汁昆布も
一緒に入れて、
火をつけて
沸《わ》いたら
アクを掬《すく》って、
あとはことこと
30分――
これが
鍋の出汁
そしたら
別鍋に
味醂を
おたま
ふたつで
100cc
味噌は
味醂より
少々多め
それを先ほどの
タケノコの根っこと
昆布出汁で
――
好みの濃度に
のばす
仕上げに
すりおろした
生姜少々
はーっ
タケノコの根っこ、
昆布
味噌ダレも
きちんと漉《こ》して
鍋のベースの
完成!!

コンニャクは薄切りのひと口大
とんとん
とんとん
九条ネギは小口に長く切って、
木綿豆腐一丁は大きめのサイの目
ざくざく
タケノコは縦に長くざっくりと乱切り
解凍した猪肉はとっても柔らかいので慎重に盛りつけて
カセットコンロに鍋底から2㎝にタレを張って
火を入れる
編集髙松のいぬ間に
ちっともあたりまえじゃない、全身全霊渾身のぜひたく鍋——

YEBIS
準備は調《ととの》ったけど
こりゃあぜひたくだわ
バチが当たんないかしら

最初に
豆腐
ぐっぐっ
丹波篠山
猪肉
コンニャクを
どさっ
秋田・生保内産
タケノコは
手づかみで
すげええ
どさどさどさ
九条ネギは
そのつど
食べる分だけ
入れて
くっくっ
ぐっぐっ
食べなさい
食べなさい、
おかあさんや
ひぃひぃ

ひくひく
んじゃあ
丹波篠山猪肉
いただきます
はふ
はふ
はふはふ
はんむ
美味しいーッ!!
ひくひくひく
脂身《あぶらみ》がこんな
美味しいお肉って
他にある──!?
んじゃあ
よいしょ
生保内産
根まがり竹の
特上品を
ひくひくひく
ひくひく
こんな立派な
タケノコ
初めてかも
はふ
あむ

高松に聞こえたらどうする、奴の家はすぐ隣駅だぞ
何よ、この歯ごたえ、食感、香り、味――!!
ひそひそ
一昨年《おととし》、酒田《さかた》で食べた月山筍《がっさんだけ》より上かも――!!
こうなったら
タケノコを猪肉で巻いて――
ちっとも、あたりまえじゃない全身全霊渾身のぜひたく

ぱくっ
これが背徳《はいとく》の美味《びみ》なのね♡
高松さんごめんなさーい
おとうさんも
早く食べて、ホンっとに美味しいから!!

●『ちっともあたりまえじゃない　渾身のぜひたく　高松のいぬ間に……。』終●

夏のパワー、ニンニク、豚舌
そして豚足!!

第三十八話

お題です!!
夏バテ対策
ニンニク
スタミナ!!
お願いします!!
風俗でも行くのか
行きません!!
そんなヒマも無いほどクソ忙しくて——
息切れ寸前
切実なんスよ中間管理職
ヒマだったら行くと?
行きません!!
切実なんスよ
いいのかしら、こんな一方的に担当さんの思惑でマンガのネタが決まるって

んじゃあ
明日は画材仕入れに
吉祥《きちじょう》寺《じ》 出るし
駅ビルのお肉屋さん
寄って――
やったあ
肉!!
いいっスねー
ステーキっスか!?
焼肉っスか!?
翌日
豚足《とんそく》……
スゲーぞ、
スタミナ
ニンニクとも
相性抜群!!
凝視しちゃ
やばい
食材よね

でも豚足って酢味噌《すみそ》で食べませんか？ニンニクのイメージ無いんスけど
ず
それは韓国料理屋に焼肉屋の話
うちの豚足はね——
スタミナばっちり
台湾《たいわん》式煮込み豚足♡
材料、調味料
豚足ざっと豚二頭《にとう》分
醤油に味醂《みりん》に
しょうゆ
みりん
紹興酒
紹興酒《しょうこうしゅ》にざらめ
八角《はっかく》
ネギの切《き》れっ端《ぱし》、生姜《しょうが》にニンニク!!
ほんで
ついでだから
豚の舌《タン》に
卵も一緒に煮込んじゃおう!!

まずは
大鍋にお湯を
沸かして——
ニンニクに
生姜のハンパな
ところを——
ペーパー
タオルを
かぶせて
肉たたき
なんかで
軽ーくたたく
大鍋が
沸いたら
ニンニク、
生姜
ネギの
切れっ端
——で
豚舌《タン》
5分
茹《ゆ》でまーす
5分経《た》った
ところで
豚足——!!
で、さらに
5分湯《ゆ》がいてー
ザルにあけ
る——

舌《タン》も豚足も余分な汚れを掃除して
舌の味蕾《みらい》のぶつぶつも
見てくれがよろしくないので、包丁で取っちゃう
大鍋に豚足、豚舌《タン》を並べて
再びニンニク、生姜、ネギの切れっ端
ひたひたに水を張って——
沸いたらアクを掬《すく》い弱火で30分
味つけは紹興酒から
ざっくりカップ2
味醂カップ1醤油カップ2
しょうゆ
ザラメ大さじ3
八角!!
落としブタをして弱火でじっくり1時間半——

その間に
卵15個は スプーンでお尻に 割れ目を入れて
水から火に かけて15分
ゆで玉子を 作ります
15分経ったら 水にとって
カラを 剥《む》きまして
豚足、豚舌《タン》の 鍋から煮汁を 拝借しまして
めっちゃ テンション 上がるやつ
煮玉子ーー
あとは弱火で ことこと1時間
なんかもう 香りが
台湾料理屋の あれあれ
エスニックーー

煮込むこと
豚足、豚舌
1時間半、
卵1時間
美味《うま》そうな
色―――!!
そしたら
火を止めて
常温まで
冷まして、しばらく
おきましょう
そしたらザルに
あげて煮汁を切って
あとは食べ
やすい大きさに
切ってちぎって
温《あたた》め直しとか
しないんです!?
しない――
うちは常温で
いただく
私は
タレ作り
生ニンニクを
潰しまして
それを小皿に
お醤油
これが
タレ♡

BEER

豚舌《タン》煮込みのスライス
見るからにしっかり味が入った煮玉子
ぷるぷる感がこれでもかーの豚足煮込み
こんな本格的なのが家庭で出来ちゃうんだ
別に食材がちょっと珍しいくらいで
料理としちゃあ難しいことはないわよね
どれ
ニンニク醤油ダレをちょんとつけて
髙松《たかまつ》さん

やぁあああ
お次
煮玉子!!
煮玉子に豚足は手づかみでいっちゃってくれ
そのための常温なの
では、手づかみでニンニク醤油をちょん
んぐ

豚足!!
これはみんなで手づかみで
ぷるんぷるんよーー♡
ぷるるるる
タレをちょん
ぷるぷる
ぷるぷるが止まらないーー!!
あああああああ…
ぷるぷる

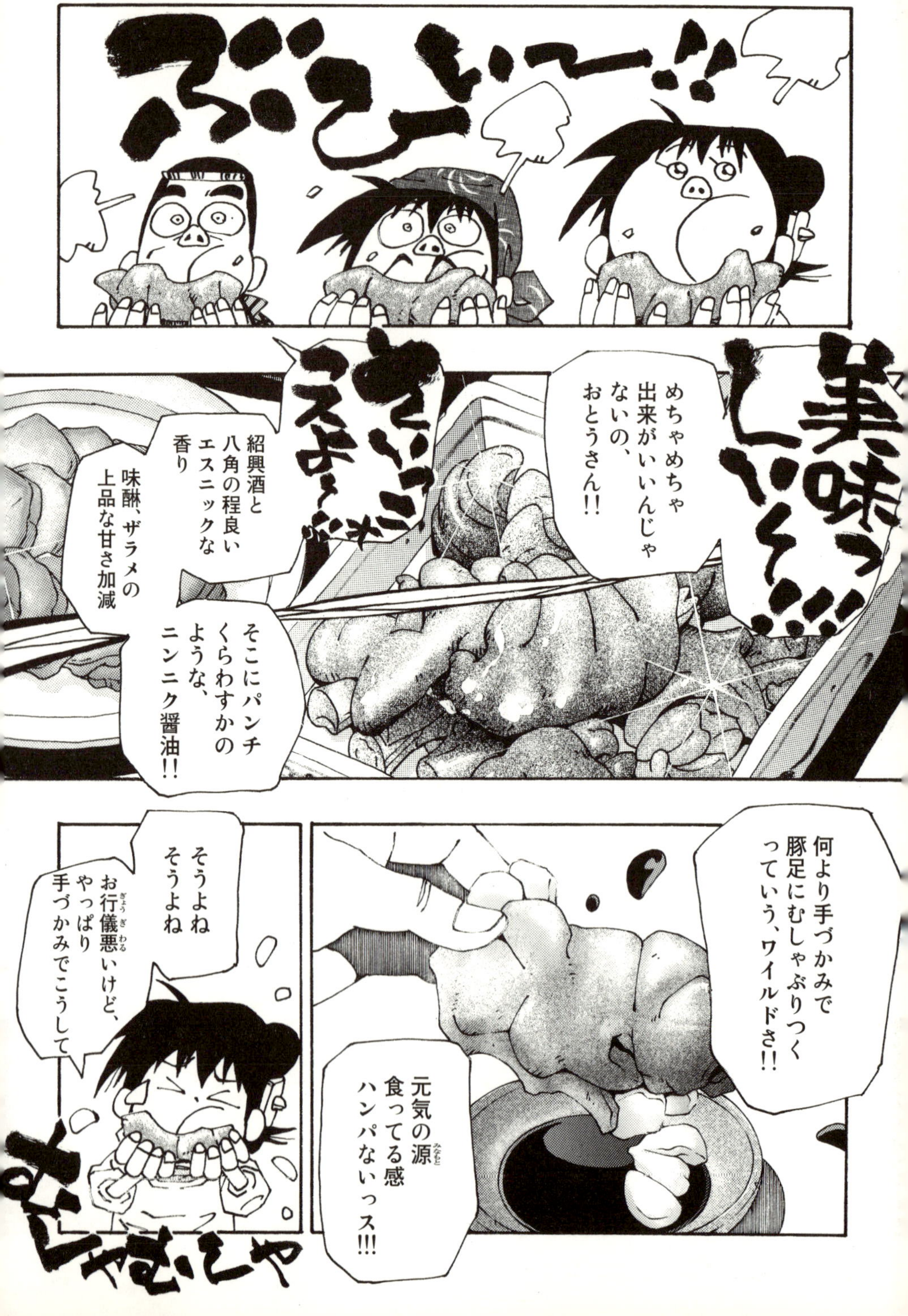
ぶひ〜〜!!
美味っし〜っ!!!
めちゃめちゃ出来がいいんじゃないの、おとうさん!!
さいこ〜っスよ〜
紹興酒と八角の程良いエスニックな香り
味醂、ザラメの上品な甘さ加減
そこにパンチくらわすかのような、ニンニク醤油!!
何より手づかみで豚足にむしゃぶりつくっていう、ワイルドさ!!
元気の源《みなもと》食ってる感ハンパないっス!!!
そうよね そうよね
お行《ぎょう》儀《ぎ》悪《わる》いけど、やっぱり手づかみでこうして
むしゃむしゃ

とくとくとく
こうして こうして
こうして こうして
んくんくんく
ぶひいぃっ——!!!
いやああ
豚足の煮汁のせいスかね——
豚舌《タン》も煮玉子も
味の深さにびっくりっス——!!
それがまたニンニク醤油とばっちりマッチして——

●『夏のパワー、ニンニク、豚舌 そして豚足!!』終●

第三十九話

夏・きくち家
氷のぜひたく。

熱《ねっ》帯《たい》か
日本の夏――東京の夏はとにかくクソ暑い
朝も昼も、夜も深夜も1日中クソ暑い
ただいまの温度
36.8
こんなところでオリンピック!? 正気か!!?
おもてなし?
お客様に万《まん》が一《いち》でもあったら、この人たちは何か責任でもとってくれるのだろうか

さておき——
がりっ
みーんみんみーん
みんみんみーん
がんっ
うりゃっ
がんっ
うりゃっ
がんっ
うりゃあ
板氷《いたごおり》を割って
ロックアイス
づくり
クソ暑い東京《とうきょう》の夏、
きくち家《け》の朝は
氷づくりで始まる
からん

お茶葉《ちゃっぱ》はざっくり多め、いつもの5割増し
やぶ北茶
暑い時の水分補給
今日はたっぷりの急須《きゅうす》で淹《い》れましょう
水は普通に水道水の常温を急須に半分
待つこと5分、台所に行って氷の準備してきますね
Pray
スンマせん
お願いしまーーす
お待たせ
ガらら…

急須に氷をびっしり入れて
急須に水は半分てのはこのため
お茶と氷が馴染《なじ》むまでの間──
氷でキンキンに冷やしておいた煎茶碗《せんちゃわん》の水気《みずけ》を拭《ふ》きます
これもお点前《てまえ》
お茶屋《ちゃや》の娘《むすめ》ですから
冷茶にもちゃんとお点前
それがもう涼しげっスもん
氷もたっぷりで──
そういえばきくちさん家《ち》の氷っスけど
製氷器《せいひょうき》の氷って見ないっスよね、いつもロックアイスで
市販のを常備してんスか?
そんなぜいたくできる身分じゃないです
自分で作ってるに決まってるじゃない
ロックアイスを!?
大きめのフタ付き容器に水を入れて
そう♡
そっちの方が効率もいいし、見た目にもいいじゃない、形の揃った氷より
ババヘラの容器が今のところベスト

それって結構 大変な作業じゃないスか?
アイスピックで容器や自分の手傷つけちゃったり
アイスピックは基本 使わないの
そのかわり、うちで使うのはこれ——
スプーン
スプーンの丸い裏側で氷を叩くと力が点で伝わるの
アイスピックの先端と同じ作用
スプーンだと氷がいくらでも割れちゃうのよ
スプーンか、いいこと聞いちゃったなァ
ちょっとした手間で見た目にも絶対 映《は》えますよね——
冷蔵庫 買ってすぐよね、製氷器 壊《こわ》れたの
自分でやるしかなくなってなァ
では

みい゛ん
みい゛ん
みい゛ん
ぴ…

からん
おもてなし〜
みいんみいん
——というわけで
今回は——
みいいん
自家製板氷
ロックアイスを
ふんだんに使った
夏は、もう
それだけで
ごちそう
きくち家の
ピリ辛《から》冷《ひ》やし
ラーメン♡
いいねええ〜
さっそく
お願いします

それでは
材料、調味料
白ネギ、茗荷《みょうが》、ニンニク
ポン酢、醤油
ゴマ油に辣油《ラーゆ》
しょうゆ
ごま油
豚バラ肉に中華麺はお好みで
今回は私の好みで細めのちぢれ麺
まずは大鍋でお湯を沸《わ》かします
それからタレ作り
ニンニク一片《いっぺん》を半分に切って
ニンニク搾《しぼ》り器《き》でボウルに
むんっ
ぶぢゅ
そこにポン酢、お醤油
麺3玉分で大さじ3
ゴマ油大さじ1
辣油はみなさんお好みで
よおおく
合わせて
タレはこれで完了

ちょっといいスか?
そのポン酢に辣油って……
うん
自家製
まじっスか?!
ポン酢だけならまだしも
辣油も自家製っスか!!?
いろいろあってな
長くなっちゃうからまた今度かしら
では、薬味を切ります――まずは茗荷
縦に2分の1
根元を取り除いて
たんたん たん
千切《せんぎ》り――!!
たんたん
次は白ネギ、適当な長さに切って
芯の部分まで包丁入れて
芯を外《はず》してネギを開いたら
たんたん
千切り――!!
たんたん
たっぷりの氷水に放ちまーす

お次!!
大鍋のお湯を小鍋に少々取りまして、出汁《だし》昆布
ひと口大に切った薄切り豚バラ肉を2分程 湯がいて脂を抜き
ザルにとって
これまたたっぷりの
氷水に放ちまーす
バラ肉が氷水で芯まで冷えたら
ザルにとってペーパータオルで水気を取ります
ボウルにあけて
黒コショウ
そこに先程のピリ辛ダレを少々
豚バラ肉に味を馴染ませます
それでは麺、指定の茹で時間で今日の麺は3分

その間に茗荷とネギの水気を切っといて——
麺が茹であがったらザルにとって——
すぐさま水にとってもみ洗い
水道を止めて板氷をまんまぶっ込んで
芯の芯まで冷やすこと3分!!
板氷を取り去って
水気をきっちりきっちり切る——!!
お醤油をひと回しで麺に下味
これが水っぽさをなくすコツ
さらにピリ辛ダレ

箸《はし》でしっかり和《あ》えて
盛りつけましたら
味付けした豚バラ肉と茗荷と白髪ネギをさっくりと和えて——
みーんみんみーん
みーん

うわっ
辣油が香ばし――!!
ぞぞぞろろろ
ぞぞろろろ
みぃんみぃんみぃぃん
んまいっ!!
麺が冷たく引き締まっててシコシコ
それにニンニク味の香ばしいピリ辛が絡みついて――
それで
このスープがまた――
ずっ
みぃんみぃん
豚バラ肉を湯がいたスープを濾《こ》して、ネギの芯と茗荷の根元を刻んだのが薬味
温《あたた》かい物がひとつあるとホッとするわよね

●『夏、きくち家 氷のぜひたく。』終●

あたりまえのぜひたく。
中華な日常
きくち正太
特別編
市場へは ひと月ふた月に 一度は出かける
大東京綜合 卸売センター
目あてはたいてい 出汁《だし》昆布、鰹節、 いりこ、海苔 などの乾物《かんぶつ》に 鮮魚なのだが――
その日は たまたま――
見てくださいな おとうさん 豚のロースが グラム180円て 安くない？
精肉店
大売出し

豚ロースを 塊《かたまり》で どんくらい?
キリの いいところで
2kg
一般家庭とは およそ かけはなれた 目方《めかた》である
見た目の インパクトも なかなかで——
しかし、うちは スタッフに家族 総勢8名の 大所帯《おおじょたい》——
肉の単位は キロ!!
それもしょうが ないのである
うちに戻り 一服《いっぷく》も そこそこに
肉の解体作業を 始める——
とんかつ用の 厚切り
何枚切り ますか
4枚お願い します
薄切りは
その倍 8枚で
——で豚ロース 2kgの内訳は こうなる
おもに 生姜焼き用 8枚
本日のメイン
脂身は ラードとして
おもに とんかつ用 4枚
小さな部分は 炒め物用に
塊肉の解体は 魚をおろすのと 同様に テンションが 上がります

そして本日のメイン食材はこちら
脂身《あぶらみ》にハンパな部分を取っ払った豚の赤身1kg
さあそれで何をおとうさん
思わんかおかあさん
いつの間にやら世の中、ことにラーメン店
脂ぎった焼豚《チャーシュー》のなんと多いことか!!
思うわー
そして食いたいとは思わんか
脂が少なく肉の繊維が歯にはさまっちゃってつまようじ必須《ひっす》のあの焼豚
味も控えめでタレやラーメンスープに浸して初めて完成する、あの
昔ながらの——?いやいやそんなネガティブではなく
ここはあえてきくち家流あたりまえの焼豚!!!
食べたいわ——
では材料に調味料
豚ロース赤身塊肉1kgにタコ糸
紹興酒《しょうこうしゅ》、みりん、濃口醤油《こいくちしょうゆ》
しょうゆ
みりん
興酒
ニンニク、生姜
まずは肉をタコ糸で縛る
基本の縛《しば》り方もあるけど見た目が美しければどうぞ自己流で

はいっ
どうですか
おかあさん
大変よろしいんじゃないでしょうか、おとうさん
だんっ
ニンニク、生姜を軽くつぶし
紹興酒に濃口醤油はカップ1、みりんはカップ半分を合わせて
みりん
肉と一緒にチャック付きのビニール袋に入れて
しっかり揉《も》みこみます
ときどきひっくり返しながら
冷蔵庫でひと晩下味をつける
こればっかりは時間をかけてやるしかない楽しみは後々にとっとく
さてさて
ひと晩たちました
肉を袋から取り出して
ニンニク、生姜をきれいに除いたら
中華鍋に
どん!!

表面全体に コゲ目がついた ところで
煮込み鍋に 移す
肉を炒めた 中華鍋に水、 それに先程の 漬け汁を
ザルで漉《こ》して 中華鍋に こびりついた 肉の旨《うま》味《み》を こそげ落として
煮込み鍋に
ザルで漉した ニンニク生姜を 茶《ちゃ》漉《こ》し袋に 入れて鍋へ
アクをすくいつつ 落としブタをして 弱火で
1時間半
前は3時間ぐらい 煮込んでなかった？
うん、でも それだと味は 染みるんだけど 肉はボロボロの パサパサで正直 美味くなかった
肉をしっとりと 仕上げるには 煮込み時間は 以前の半分で 充分
ふーん
鍋に少し 余裕が あるわね
！
ぴゅう ー

卵!?
きたァー
煮玉子だ
ねえ〜
鍋の煮汁がもったいないものー
玉子はお尻にスプーンで少しヒビを入れると茹《ゆ》でた後にカラをむきやすい
ぱきゃ
水から茹でて15分
お湯が沸いたらときどき箸でひっくり返す
肉を煮始めて1時間と10分
カラをむいたゆで玉子を投入してください
はーい
仕上げに葱《ねぎ》の切《き》れ端《はし》を風味付けに
20分たったら火を止めて
ここで味見
あら思ったより塩辛くないわ
うん!!
これからが料理の最終段階
煮汁に漬けたままひと晩置く。煮物は冷める時に味が入る
だから必要以上に塩辛くしない
下味をしっかり煮込み時間は少なく冷めたらひと晩
葱とニンニク生姜は取り出して
それが〝あたりまえの焼豚〟のコツ
えらいわねえ
そこに気がつくまで何年かかったの?
おせちに焼豚拵《こさ》えて20年――実は今年のお正月

市場での買物から
二日 経《た》ちました
美味しい食べ物は
美味しくなるだけの
あたりまえの時間が
かかります——
焼豚の煮汁は
ふたつに分けて、
ひとつは醤油を
足してラーメンや
炒め物のタレに、
ひとつはザラメを
足して甘辛い
ツメダレに——
それぞれ弱火で
煮詰めます
とん
おかあさんは
塩糀《しおこうじ》の浅漬け
胡瓜《きゅうり》を千切りに
とんとん
とんとん
マエスチョロこと
おとうさんは
焼豚のヒモを
ほどきまして
台所で一番
切れる牛刀を
手に——
肉、ハムに焼豚は
お刺身以上に
気を入れてやらないと
上手く切れて
くれません

大日本大人の
dancyu!
BEER

んくんく
焼豚が!! 煮玉子が!!
胡瓜と焼豚の細切りラー油和《あ》えが
ビールがァ――!!!
簡単お手軽ではないけれど、そのぶんきくち家の食卓は
美味ぇ――
明日の昼はラーメン 炒飯作るべ――
あたりまえの美味しい幸せがずっと……なのです

●特別編『中華な日常』終●

シリーズ

あたりまえのぜひたく。

—きくち家 渾身の料理は……。—

きくち正太（きくち・しょうた）

秋田県出身。1988年、週刊少年チャンピオン（秋田書店）にてデビュー。代表作『おせん』『おせん　真っ当を受け継ぎ繋ぐ。』（講談社 / モーニング・イブニング）、『きりきり亭のぶら雲先生』『きりきり亭主人』（幻冬舎コミックス）、『瑠璃と料理の王様と』（講談社）など。食や日本の伝統文化、釣りなどを主題にした作品が多く、ガラスペンを使った独自の絵柄にも熱烈なファンが多い。また、キャラクターデザイン、ポスターイラストなども手がける。
近年、ギタリストとして音楽活動開始。Acoustic Instrumental Trio「あらかぷ」で都内ライブハウスに出演中。

［初出］
第三十話～第三十九話
（『デンシバーズ』2017年11月～2018年8月）
特別編
（『dancyu』（プレジデント社）2017年9月号）

2018年9月30日　第1刷発行

著　者　きくち正太
発行者　石原正康

発行元　株式会社 幻冬舎コミックス
〒151-0051 東京都渋谷区千駄ヶ谷 4-9-7
電　話　03(5411)6431（編集）
発売元　株式会社 幻冬舎
〒151-0051 東京都渋谷区千駄ヶ谷 4-9-7
電　話　03(5411)6222（営業）

振　替　00120-8-767643

本文製版所　株式会社 二葉写真製版
印刷・製本所　図書印刷株式会社

検印廃止

ISBN978-4-344-84310-3　C0095　Printed in Japan
幻冬舎コミックスホームページ　http://www.gentosha-comics.net